DROIT AU BUT

Droit au But!

TOME 6

L'OM DANS LA PEAU

TEXTES
AGNELLO & ZAMPANO

DESSINS & MISE EN SCÈNE
GARRÉRA

CRAYONNÉS PRÉPARATOIRES
SKIAV

COULEURS
MICHALL

Hugo BD

Encore et toujours à mes parents et ma famille,
à mon fils Léo, futur Nino de l'OM,
à toutes les personnes, parents et amis qui m'aident et me soutiennent,
à l'ami Kiko (kikomusiconline.com), pour sa gentillesse et son talent,

à l'OM...

JL

http://www.facebook.com/jl.garrera

Directeur de collection et direction artistique : Jean-Baptiste Gilou
Conception graphique : Epigraph

www.hugoetcie.fr

ISBN : 9782755605983
Imprimé en France par PPO-Graphic, 91120 Palaiseau

UNE NOUVELLE SAISON COMMENCE AU CENTRE D'ENTRAÎNEMENT ROBERT LOUIS-DREYFUS, LES RUMEURS LES PLUS FOLLES CIRCULENT À PROPOS DE LA COMPOSITION DE L'ÉQUIPE PREMIÈRE DE L'OM...
CE N'EST PAS SANS UNE CERTAINE ÉMOTION QUE NOUS TE REMETTONS CE TROPHÉE, MON CHER NINO...
C'EST DANS CE CLIMAT D'EXCITATION INTENSE QU'UNE PETITE CÉRÉMONIE SE DÉROULE, EN TOUTE INTIMITÉ...
AFIN DE GARDER EN MÉMOIRE LA GLORIEUSE ÉPOPÉE SUD-AFRICAINE QUI T'A VU COURONNÉ **MEILLEUR ESPOIR MONDIAL** !
JE... JE NE SAIS PAS QUOI DIRE...
BEN ALORS, DIS RIEN !
HAHAHA !!!
ÇA S'APPELLE UNE ASCENSION FULGURANTE !...
OUAIS... MAINTENANT, TOUTES LES PORTES SONT OUVERTES...
ÇA VEUT DIRE QUOI ÇA ?
FAIS PAS L'INNOCENT, TU VEUX ?..
TOUT LE MONDE EST AU COURANT !
QUOI ? T'ES AU COURANT D'UN TRUC ?
NINO ?!?
JE PEUX TE VOIR DANS MON BUREAU S'IL TE PLAÎT ?
HEU... BIEN SÛR, COACH.
HA HA ! QUAND ON PARLE DU LOUP !...
?
C'EST LE MOMENT DE VÉRITÉ, MON POTE !...

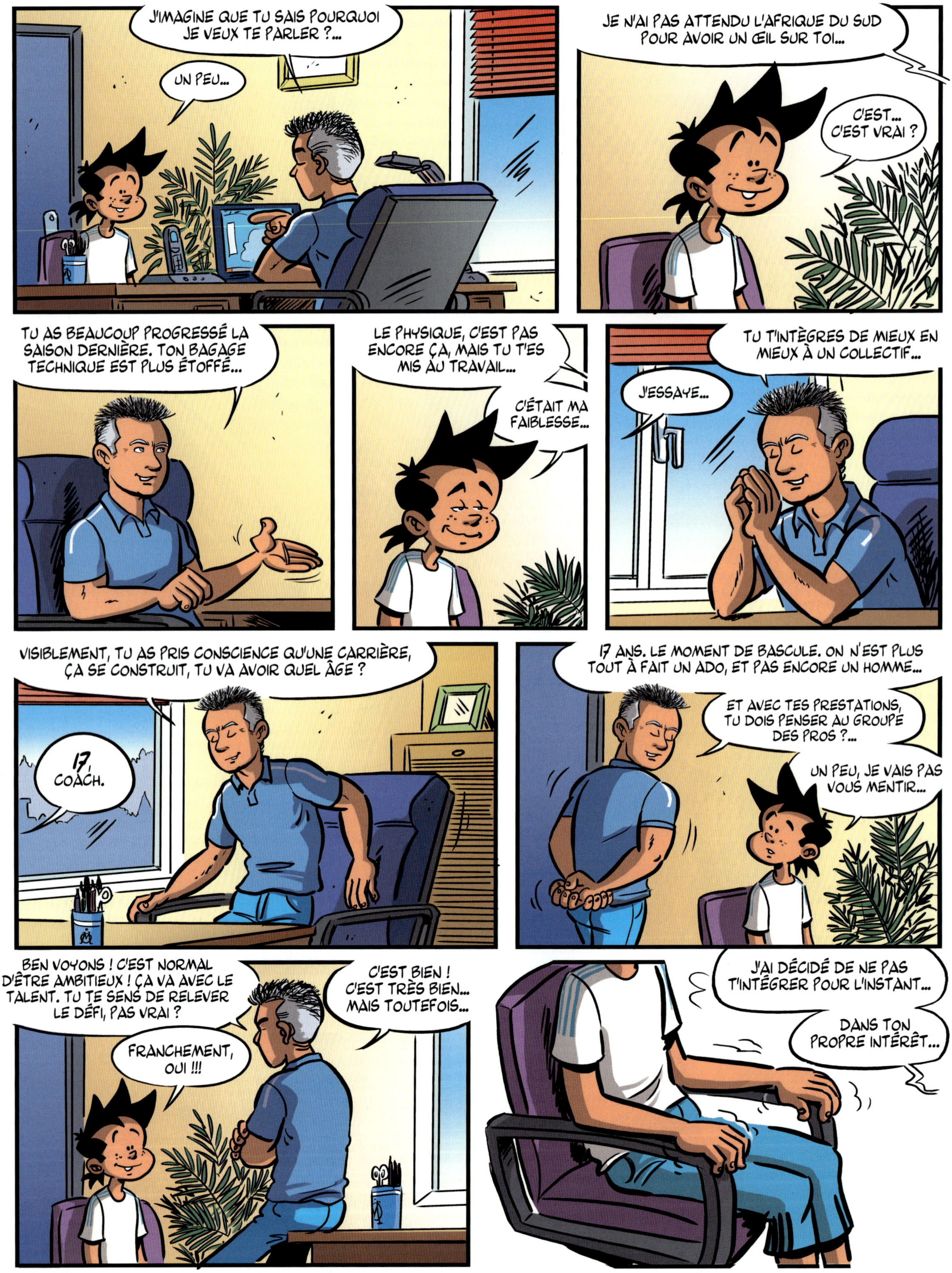
J'IMAGINE QUE TU SAIS POURQUOI JE VEUX TE PARLER ?...
UN PEU...
JE N'AI PAS ATTENDU L'AFRIQUE DU SUD POUR AVOIR UN ŒIL SUR TOI...
C'EST... C'EST VRAI ?
TU AS BEAUCOUP PROGRESSÉ LA SAISON DERNIÈRE. TON BAGAGE TECHNIQUE EST PLUS ÉTOFFÉ...
LE PHYSIQUE, C'EST PAS ENCORE ÇA, MAIS TU T'ES MIS AU TRAVAIL...
C'ÉTAIT MA FAIBLESSE...
TU T'INTÈGRES DE MIEUX EN MIEUX À UN COLLECTIF...
J'ESSAYE...
VISIBLEMENT, TU AS PRIS CONSCIENCE QU'UNE CARRIÈRE, ÇA SE CONSTRUIT, TU VA AVOIR QUEL ÂGE ?
17, COACH.
17 ANS. LE MOMENT DE BASCULE. ON N'EST PLUS TOUT À FAIT UN ADO, ET PAS ENCORE UN HOMME...
ET AVEC TES PRESTATIONS, TU DOIS PENSER AU GROUPE DES PROS ?...
UN PEU, JE VAIS PAS VOUS MENTIR...
BEN VOYONS ! C'EST NORMAL D'ÊTRE AMBITIEUX ! ÇA VA AVEC LE TALENT. TU TE SENS DE RELEVER LE DÉFI, PAS VRAI ?
FRANCHEMENT, OUI !!!
C'EST BIEN ! C'EST TRÈS BIEN... MAIS TOUTEFOIS...
J'AI DÉCIDÉ DE NE PAS T'INTÉGRER POUR L'INSTANT...
DANS TON PROPRE INTÉRÊT...

TU FAIS QUOI LÀ ?
BEN TU VOIS, JE ME RHABILLE...
D'ACCORD MAIS TU POURRAIS...
JE POURRAIS **QUOI** ?
BEN ENFIN... NINO, FORCÉMENT...
FORCÉMENT QUOI ?
NINO... ON EST TES ÉQUIPIERS QUAND MÊME...
ON EST LES PREMIERS CONCERNÉS...
AH NON ! C'EST MOI LE PREMIER CONCERNÉ !!!
LAISSE TOMBER ADIL, J'AI COMPRIS...
HEIN ? T'AS COMPRIS QUOI ?
MONSIEUR GARDE LE SCOOP POUR LA PRESSE LOCALE !...
JE VOIS... DIS DONC, T'AS PAS ATTENDU LONGTEMPS POUR PASSER AU MODE PRO...
TU VOIS RIEN DU TOUT !...
ALLEZ NINO... ON TE BLAGUE, C'EST JUSTE POUR...
AH OUI ? ET BEN, JE SUIS PAS D'HUMEUR À BLAGUER, TU VOIS ? UNE AUTRE FOIS PEUT-ÊTRE !?!...
?
VLAM !

OH ?
NINO ?!?
Y'A LONGTEMPS QU'ON N'EST PAS ALLÉS À LA PÊCHE, TOI ET MOI !
BEN C'EST PAS PLUS MAL. LE POISSON IL EST BIEN OÙ IL EST !
???
OH NINO ! TU RENTRES TÔT AUJOURD'HUI ! QU'EST-CE QU'IL T'ARRIVE ?
RIEN JUSTEMENT, IL M'ARRIVE RIEN !
???
???
TOC! TOC! TOC!
NINO, TU VAS BIEN ?...
BOF...
IL EST LÀ DEPUIS COMBIEN DE TEMPS CE PAPIER PEINT ?
BEN, QUOI ? QU'EST-CE QU'IL A CE...
IL A...
QUE JE PEUX PLUS LE VOIR !

CE SOIR-LÀ, NINO A RENDEZ-VOUS AVEC HAO SIEN. MAIS, PARFOIS, IL VAUDRAIT MIEUX S'ABSTENIR...

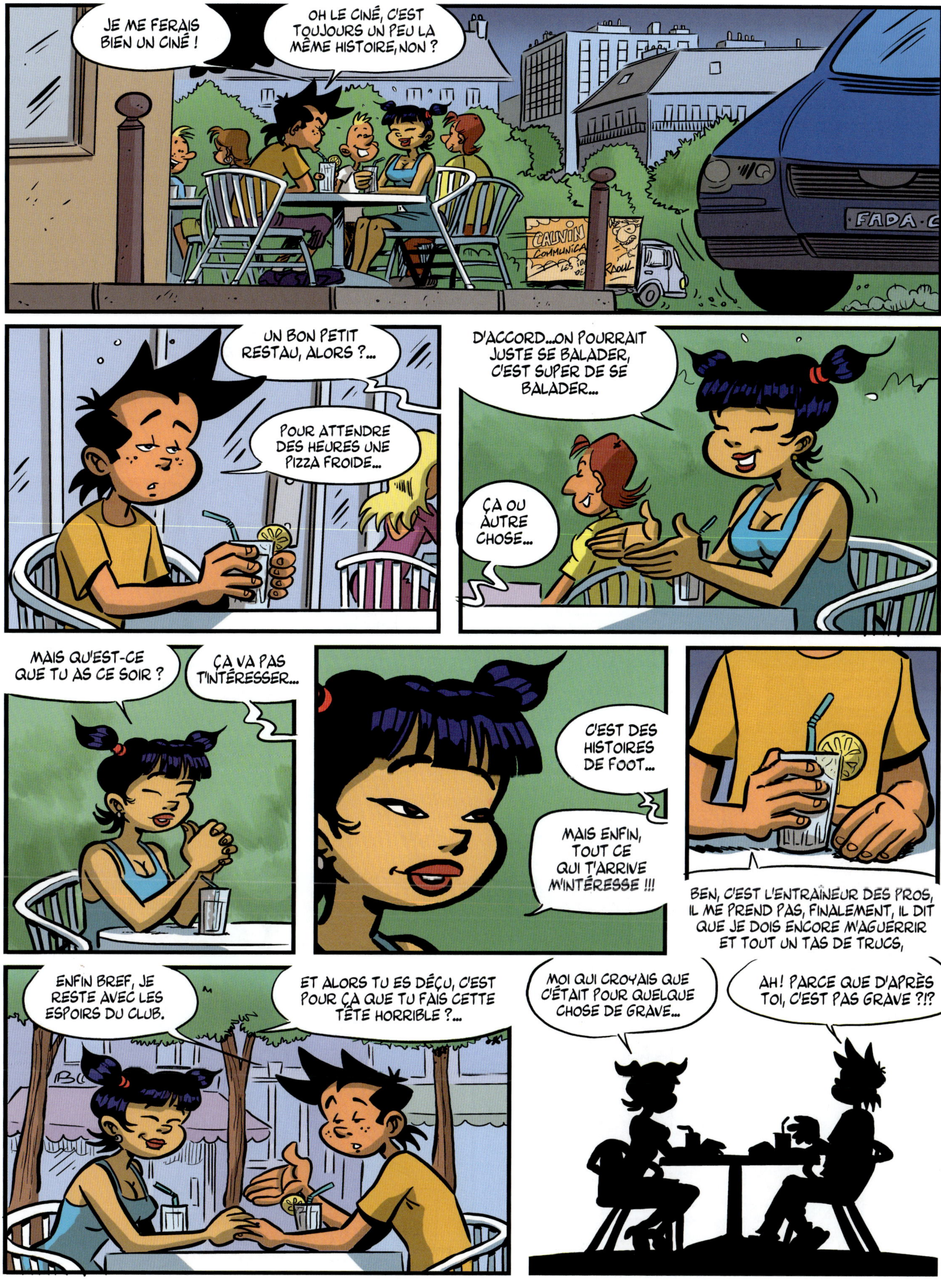

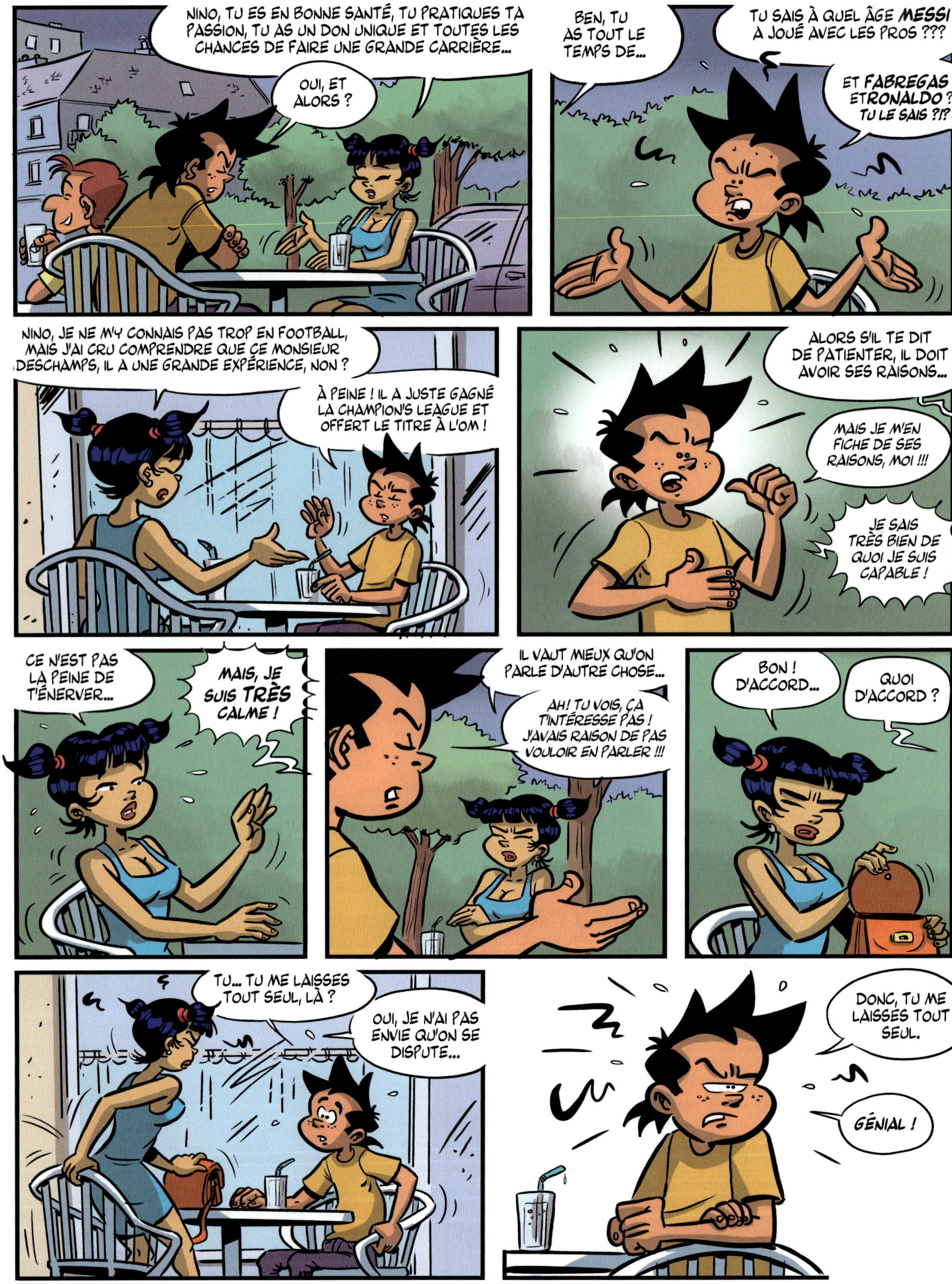
NINO, TU ES EN BONNE SANTÉ, TU PRATIQUES TA PASSION, TU AS UN DON UNIQUE ET TOUTES LES CHANCES DE FAIRE UNE GRANDE CARRIÈRE...
OUI, ET ALORS ?
BEN, TU AS TOUT LE TEMPS DE...
TU SAIS À QUEL ÂGE MESSI A JOUÉ AVEC LES PROS ???
ET FABREGAS ? ET RONALDO ? TU LE SAIS ?!?
NINO, JE NE M'Y CONNAIS PAS TROP EN FOOTBALL, MAIS J'AI CRU COMPRENDRE QUE CE MONSIEUR DESCHAMPS, IL A UNE GRANDE EXPÉRIENCE, NON ?
À PEINE ! IL A JUSTE GAGNÉ LA CHAMPION'S LEAGUE ET OFFERT LE TITRE À L'OM !
ALORS S'IL TE DIT DE PATIENTER, IL DOIT AVOIR SES RAISONS...
MAIS JE M'EN FICHE DE SES RAISONS, MOI !!!
JE SAIS TRÈS BIEN DE QUOI JE SUIS CAPABLE !
CE N'EST PAS LA PEINE DE T'ÉNERVER...
MAIS, JE SUIS TRÈS CALME !
IL VAUT MIEUX QU'ON PARLE D'AUTRE CHOSE...
AH ! TU VOIS, ÇA T'INTÉRESSE PAS ! J'AVAIS RAISON DE PAS VOULOIR EN PARLER !!!
BON ! D'ACCORD...
QUOI D'ACCORD ?
TU... TU ME LAISSES TOUT SEUL, LÀ ?
OUI, JE N'AI PAS ENVIE QU'ON SE DISPUTE...
DONC, TU ME LAISSES TOUT SEUL.
GÉNIAL !

DE TOUTE FAÇON, PERSONNE PEUT COMPRENDRE...
HO ! NINO !!!
QU'EST-CE QUE TU FAIS LÀ ?
HEIN... BEN, VOUS VOYEZ, JE... JE PRENDS L'AIR... ÇA FAIT DU BIEN DE PRENDRE DU RECUL...
FAIS QUAND MÊME GAFFE À FORCE DE RECULER, TU PEUX TOMBER DANS UN TROU ! HAHA !
VIENS PLUTÔT AVEC NOUS ! ON VA AU BAR DE LUCIANO !
Y A KIKO ET ORVIL EN CONCERT, ÇA VA DÉCHIRER !
HEU... UNE AUTRE FOIS, LES GARS, MAIS CE SOIR...
ALLEZ ! ON FAIT JAMAIS RIEN ENSEMBLE !
DÉSOLÉ, MAIS JE SUIS À PLAT...
JUSTEMENT ! ÇA VA TE REDONNER LA PÊCHE !!!
LE BALLON, LE BALLON, TU VAS FINIR PAR TOURNER EN ROND !
BON, D'ACCORD...
MAIS ALORS PAS LONGTEMPS...
TU NOUS CONNAIS NINO, PROMIS JURÉ !
À MINUIT, ON EST TOUS AU LIT !!!
PFUIT !

DIS DONC C'EST VACHEMENT BRUYANT... ET PUIS TOUT CE MONDE...
C'EST UN BAR, NINO.
KIKO
ALORS ? PARAÎT QUE TU VAS JOUER AVEC LES PROS ?
C'EST REPARTI, JE VIS UN CAUCHEMAR...
ÇA DOIT TE PARAÎTRE LOIN, LES CHARPENTIERS...
JE DEVAIS DEVENIR TON AGENT, TU TE RAPPELLES ?
AU LIEU DE ÇA JE FAIS UN BEP EN ÉLECTRICITÉ...
ET MOI, QUAND JE PENSE QUE J'ÉTAIS AUSSI FORT QUE TOI... COMME QUOI Y'A PAS QUE LE TALENT, Y'A LE BOL...
JUSTE UN TRUC...VOUS M'AVIEZ PAS DIT QUE CETTE PETITE VIRÉE, ÇA DEVAIT ME SORTIR DU BALLON ROND ?
MAIIIILIK !!! MON CHOU !
JÉREM, MOURAD, NINO. JE VOUS PRÉSENTE FIONA... UNE AMIE...
MM... J'AI L'IMPRESSION QU'ON S'EST DÉJÀ VUS QUELQUE PART, NON ?...
C'EST LA FUTURE VEDETTE DE L'OM ! TU L'AS SÛREMENT VU DANS LE JOURNAL...
UN JOUEUR DE FOOT ?!?
MAIS, C'EST TRÈÈÈÈÈS INTÉRESSANT !

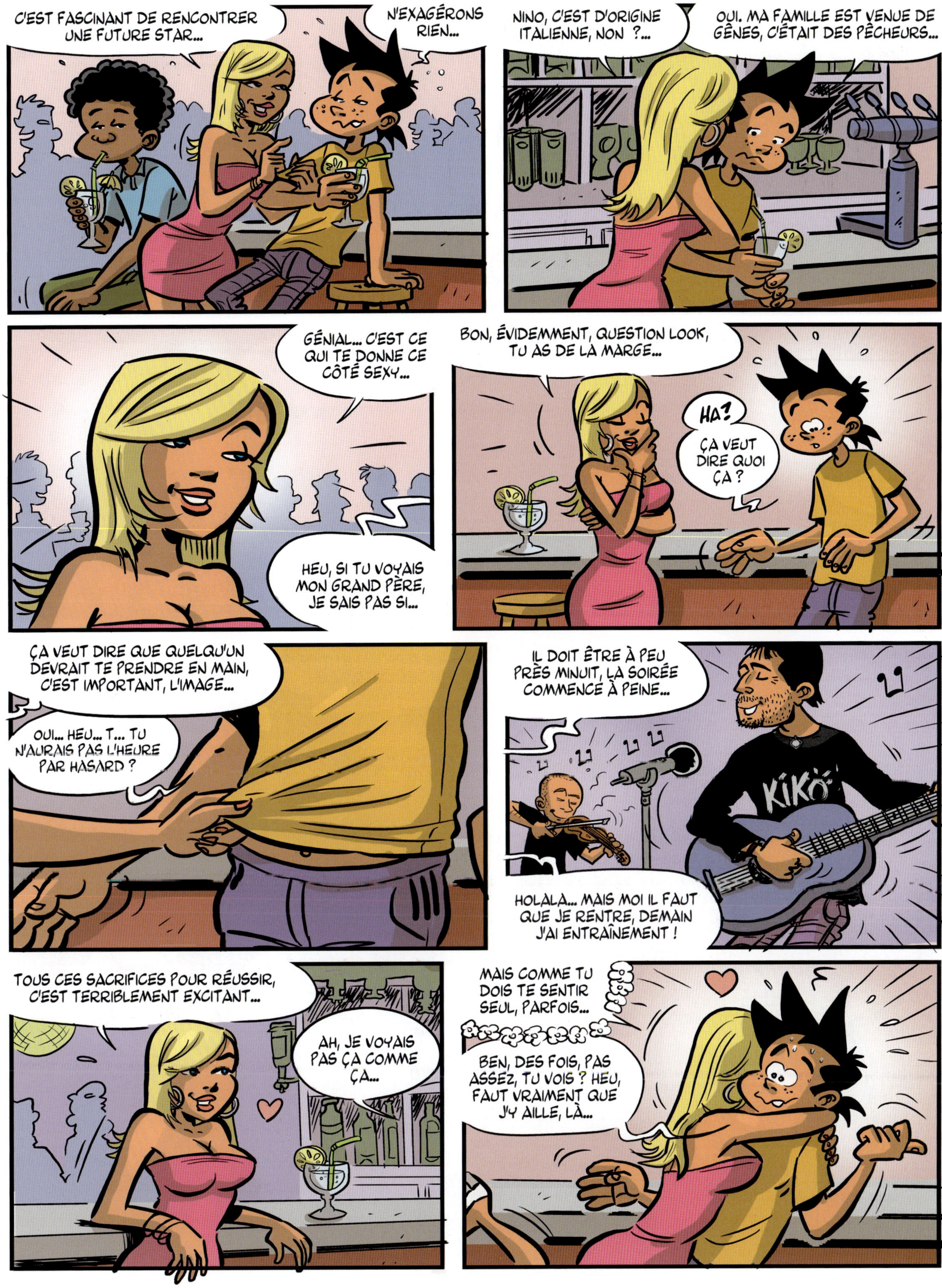
C'EST FASCINANT DE RENCONTRER UNE FUTURE STAR...
N'EXAGÉRONS RIEN...
NINO, C'EST D'ORIGINE ITALIENNE, NON ?...
OUI. MA FAMILLE EST VENUE DE GÊNES, C'ÉTAIT DES PÊCHEURS...
GÉNIAL... C'EST CE QUI TE DONNE CE CÔTÉ SEXY...
HEU, SI TU VOYAIS MON GRAND PÈRE, JE SAIS PAS SI...
BON, ÉVIDEMMENT, QUESTION LOOK, TU AS DE LA MARGE...
HA?
ÇA VEUT DIRE QUOI ÇA ?
ÇA VEUT DIRE QUE QUELQU'UN DEVRAIT TE PRENDRE EN MAIN, C'EST IMPORTANT, L'IMAGE...
OUI... HEU... T... TU N'AURAIS PAS L'HEURE PAR HASARD ?
IL DOIT ÊTRE À PEU PRÈS MINUIT, LA SOIRÉE COMMENCE À PEINE...
KIKÖ
HOLALA... MAIS MOI IL FAUT QUE JE RENTRE, DEMAIN J'AI ENTRAÎNEMENT !
TOUS CES SACRIFICES POUR RÉUSSIR, C'EST TERRIBLEMENT EXCITANT...
AH, JE VOYAIS PAS ÇA COMME ÇA...
MAIS COMME TU DOIS TE SENTIR SEUL, PARFOIS...
BEN, DES FOIS, PAS ASSEZ, TU VOIS ? HEU, FAUT VRAIMENT QUE J'Y AILLE, LÀ...

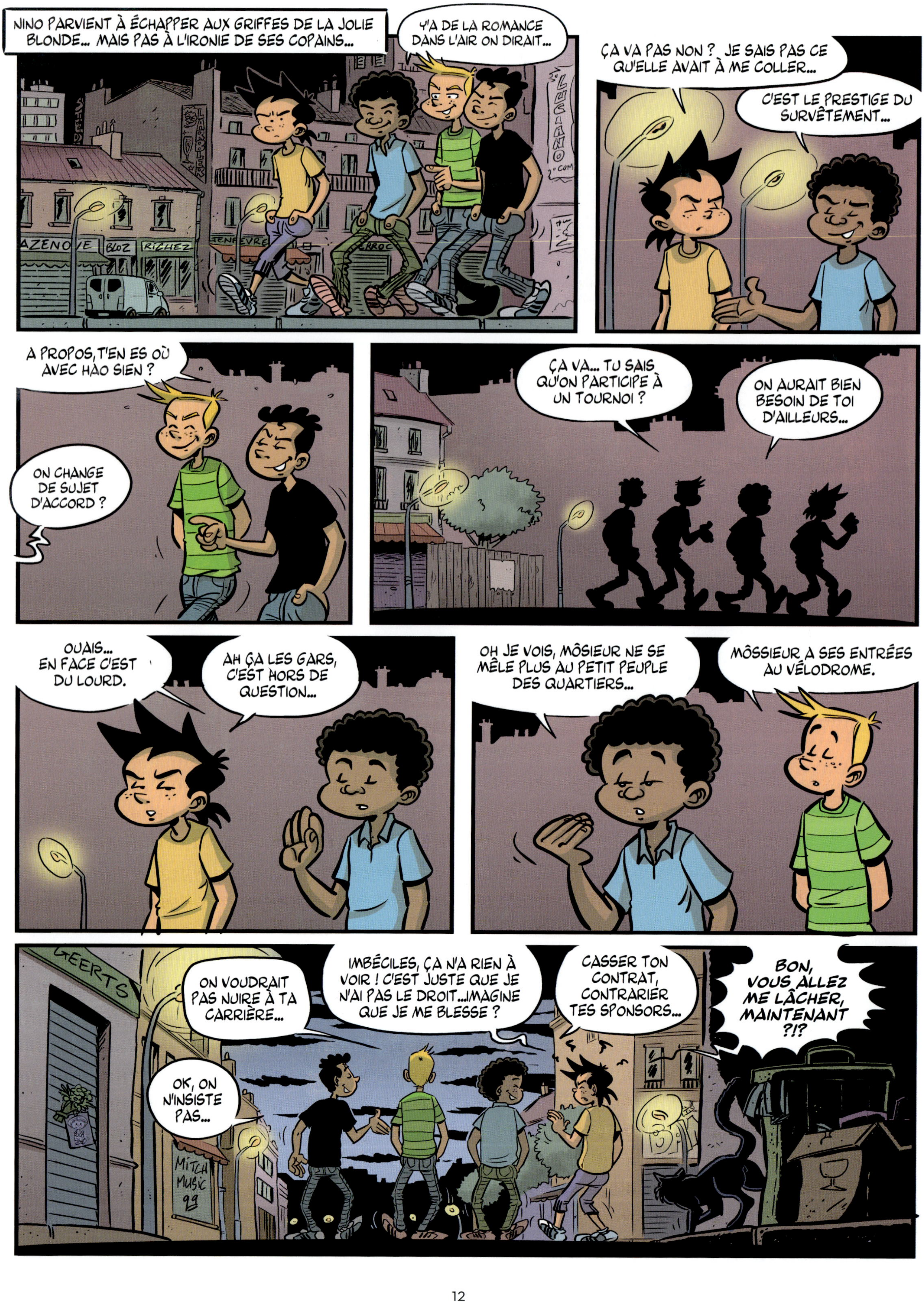
NINO PARVIENT À ÉCHAPPER AUX GRIFFES DE LA JOLIE BLONDE... MAIS PAS À L'IRONIE DE SES COPAINS...
Y'A DE LA ROMANCE DANS L'AIR ON DIRAIT...
ÇA VA PAS NON ? JE SAIS PAS CE QU'ELLE AVAIT À ME COLLER...
C'EST LE PRESTIGE DU SURVÊTEMENT...
A PROPOS, T'EN ES OÙ AVEC HAO SIEN ?
ON CHANGE DE SUJET D'ACCORD ?
ÇA VA... TU SAIS QU'ON PARTICIPE À UN TOURNOI ?
ON AURAIT BIEN BESOIN DE TOI D'AILLEURS...
OUAIS... EN FACE C'EST DU LOURD.
AH ÇA LES GARS, C'EST HORS DE QUESTION...
OH JE VOIS, MÔSIEUR NE SE MÊLE PLUS AU PETIT PEUPLE DES QUARTIERS...
MÔSSIEUR A SES ENTRÉES AU VÉLODROME.
ON VOUDRAIT PAS NUIRE À TA CARRIÈRE...
IMBÉCILES, ÇA N'A RIEN À VOIR ! C'EST JUSTE QUE JE N'AI PAS LE DROIT...IMAGINE QUE JE ME BLESSE ?
CASSER TON CONTRAT, CONTRARIER TES SPONSORS...
BON, VOUS ALLEZ ME LÂCHER, MAINTENANT ?!?
OK, ON N'INSISTE PAS...

MAIS LE LENDEMAIN, APRÈS CETTE SOIRÉE AGITÉE, NINO ARRIVE EN RETARD À L'ENTRAÎNEMENT...
EXCUSEZ COACH, J'AI RATÉ LE BUS !
?
IL A BON DOS, LE BUS, C'EST QUOI CETTE TÊTE ?
QUELLE TÊTE, COACH ?
ON DIRAIT QUE T'AS PAS ASSEZ DORMI... TU SERAIS PAS SORTI HIER SOIR PAR HASARD ?
HO NON, COACH ! PAS LA VEILLE D'UN ENTRAÎNEMENT !
AH ! UN PROBLÈME ALORS ?
NON COACH... C'EST JUSTE... QUE JE FAIS DE L'INSOMNIE...
J'ÉTAIS TELLEMENT HEU... IMPATIENT DE RECOMMENCER !!!
PARCE QUE POUR TOUT TE DIRE, JE CRAIGNAIS UN PEU POUR TA MOTIVATION...
ALORS LÀ JE VOIS PAS POURQUOI COACH...
ON PARLAIT BEAUCOUP DE TOI POUR LE GROUPE PRO, ET PUIS ÇA S'EST PAS FAIT... J'AI PENSÉ, IL VA AVOIR UN COUP DE MOINS BIEN...
AH MAIS PAS DU TOUT, J'AI TRÈS BIEN COMPRIS !
VRAIMENT ? T'ES PAS UN PEU DÉÇU ?
NON COACH, VRAIMENT !
JE VOUS JURE !

CEPENDANT, LORS DE CE PREMIER ENTRAÎNEMENT...
NINO, TU PASSAIS PAR LÀ ? HAHAHA !
ON TRAVAILLE LE CENTRE EN RETRAIT D'ACCORD ? ADIL, TU SOIGNES TON GESTE ! JE VEUX PAS UN BALLON DANS LES NUAGES !
...NINO A DU MAL À SE CONCENTRER, C'EST UNE ÉVIDENCE...
NINO TU VAS TE PLACER !
NINO ?
HEIN ? QUOI ?
AH... HEU, OUI...
ME PLACER !
ADIL, C'EST MAINTENANT !
VOILÀ !!!
OH, ÇA ALORS, JE...
TU ES TROP PRÈS, NINO ! APPLIQUE-TOI !
C'EST PAS ÇA DU TOUT ! ON RECOMMENCE !
CLAP!

LE MÊME SCHÉMA DE JEU EST MIS EN PLACE, MAIS...
NINO ?, QU'EST-CE QUI SE PASSE ?
ÇA VA, ÇA VA...
ALLEZ ON ATTAQUE, ADIL TU SOIGNES TA PASSE, NINO, PAS TROP PRÈS !
ESSAYE UN PEU POUR VOIR...
TU DISAIS ?
À TOI, NINO !
SHOOT !!!
JE VOUDRAIS BIEN, MAIS...
TROP LOIN NINO !!! T'ES VRAIMENT TROP LOIN DE L'ACTION !!!!
TROP LOIN, TROP PRÈS, FAUDRAIT SAVOIR...
TU DIS QUOI NINO ?!?
JE... JE DISAIS...
HEU... QUE... QUE JE DEVAIS M'APPLIQUER...
PLÛTOT, OUI...

PLUS TARD, AU VESTIAIRE, SKOBLAR FAIT PART DE SON IRRITATION...
ET BEN POUR RÉSUMER, ON A DU TRAVAIL !
EN GROS, VOUS NE JOUEZ PAS ENSEMBLE. ON A L'IMPRESSION D'UNE SUCCESSION DE NUMÉROS INDIVIDUELS !
C'EST PAS ÇA LE FOOTBALL ! LA FORCE, DANS LE FOOTBALL C'EST LE COL-LEC-TIF !
OK ?!?
NINO ?
NINO ?
HEIN ??? OUI COACH ?
QU'EST-CE QUE J'ÉTAIS EN TRAIN DE DIRE ?
BEN, HEU... VOUS...
VOUS...
JE PARLAIS DU COLLECTIF...
HEU, OUI BIEN SÛR, LE COLLECTIF !
TU M'AS L'AIR DRÔLEMENT CONCERNÉ, DIS DONC...
HEIN ? HEU, OUI OUI !!! JE VOUS JURE, COACH !
BIEN. ALORS...
PROUVE-LE !!!

CE SOIR-LÀ, LORS DU REPAS FAMILIAL, NINO EST PLUS QUE SONGEUR...
LES 3 GABIANS
CAFÉ-RESTAURANT
ET POUR FÊTER ÇA...
FÊTER QUOI ?
BEN, LA SAISON QUI REPREND !
AH ?
ÇA...
JE T'AI FAIT TON PLAT PRÉFÉRÉ !
C'EST GENTIL, MAIS J'AI PAS TRÈS FAIM...
OH TOI... TU NOUS COUVES QUELQUE CHOSE...
PAS DU TOUT, C'EST JUSTE QUE...
TA MÈRE A RAISON, DEPUIS UN MOMENT, T'ES...
MAIS QU'EST-CE QUE VOUS AVEZ, TOUS À ME TRAQUER ?!?
ON TE TRAQUE PAS, ON S'INTERROGE...
EH BEN, ELLES SONT DE TROP, CES INTERROGATIONS ! J'AI L'IMPRESSION DE PASSER UN EXAMEN EN PERMANENCE,
AVEC VOUS, AVEC HAO SIEN, AVEC LE CLUB, VOILÀ ! ET FAUT TOUJOURS QUE J'ASSURE !
C'EST NORMAL NINO, TU N'ES PAS N'IMPORTE QUI, TU ES...
ET BIEN JUSTEMENT, JE VOUDRAIS ÊTRE N'IMPORTE QUI !
AVOIR MON ÂGE ! FAIRE DES BÊTISES !
INCROYABLE, NON ?!?

CE SOIR-LÀ, NINO CHERCHE À NOUVEAU LA COMPAGNIE DE SES COPAINS D'ENFANCE...
EH ! QUI JE VOIS ?...
DIS DONC, T'ES SOUVENT DEHORS CES TEMPS-CI...
T'ES SÛR QUE C'EST DANS TON CONTRAT ?
ON PEUT PARLER, LÀ, C'EST FINI ?
ON T'ÉCOUTE...
JE SUIS OK POUR FAIRE LE TOURNOI AVEC VOUS...
OH ?!?
ALLEZ ? C'EST VRAI ???
PAR CONTRE, JE VOUS DEMANDE UNE CHOSE..., FAUT PAS QUE ÇA S'ÉBRUITE !
COMPTE SUR NOUS !
ET... ON PEUT SAVOIR POURQUOI T'AS CHANGÉ D'AVIS ?
C'EST VRAI, T'ÉTAIS PLUTÔT CATÉGORIQUE...
DISONS QUE J'AI BESOIN DE TAPER DANS LA BALLE MAIS SANS QU'ON ME PRENNE LA TÊTE !
ÇA VOUS VA COMME EXPLICATION ?

LE DIMANCHE VENU, NINO TIENT PAROLE...
SALUT LES NAINS !...
JE VOIS QU'ON A BON ESPRIT...
C'EST QUI LUI ?!? IL ÉTAIT PAS AVEC VOUS !?!
T'OCCUPE, IL EST NOUVEAU DANS LE QUARTIER.
C'EST MARRANT, J'AI L'IMPRESSION DE L'AVOIR VU QUELQUE PART...
HELLOOO !!!
QU'EST-CE QU'ELLE FAIT LÀ, ELLE ?
HEU... QUAND ELLE A SU QUE TU JOUAIS, ELLE A INSISTÉ POUR VENIR...
MAIS JE TE RASSURE, ELLE EST AU COURANT QUE T'ES LÀ INCOGNITO...
ET TU PENSES VRAIMENT QU'ELLE VA ÊTRE DISCRÈTE ?
JE LUI AI FAIT PROMETTRE !
M'OUAIS... JE SAIS PAS POURQUOI, MAIS JE SUIS QUAND MÊME INQUIET...
HÉ HO, LES GARS !
ON ENGAGE OU ON PREND RACINE ?!?

LE MATCH S'ENGAGE...
FINIE LA RIGOLADE !!!
QU'ON EN FINISSE AVEC CES...
PAS SI VITE !!!
?
BIEN JOUÉ...
TOUS LES ENTRAÎNEURS VOUS LE DIRONT...
LES BALLONS DE RÉCUPÉRATION...
DIGAIRE
SONT TOUJOURS LES PLUS DANGE...
AAAAAH !!!
SANS BLAGUE ?!?

NINO !!!
NINO ÇA VA ?!?
AAAH !!!
RÉPONDS NINO !!!
C'EST... LA CHEVILLE...
ARRÊTE TON CINÉMA TU VEUX ? JE T'AI À PEINE EFFLEURÉ...
ASSASSIN ! LAISSEZ-MOI PASSER !
TOI, TU FERAIS MIEUX DE...
ELLE SORT D'OÙ CELLE-LÀ ???
C'EST UNE HONTE ! ESPÈCE D'ANIMAL ! EST-CE QUE TU TE RENDS COMPTE DE QUI TU AS AGRESSÉ ???
UN JOUEUR QUE LE MONDE NOUS ENVIE !!! LE MEILLEUR ESPOIR DE LA PLANÈTE !!!
HEIN ? OH... MAIS BIEN SÛR ! J'ÉTAIS CERTAIN DE L'AVOIR VU QUELQUE PART !!!
NINO FACHETTI... SANS BLAGUE ?!?
ALORS COMME ÇA, ON S'INVITE À UN TOURNOI DE QUARTIER, HISTOIRE DE FAUSSER LA DONNE ? C'EST PAS UN PEU DE LA TRICHE, ÇA ?
DE LA QUOI ?!?
RÉPÈTE UN PEU POUR VOIR ?

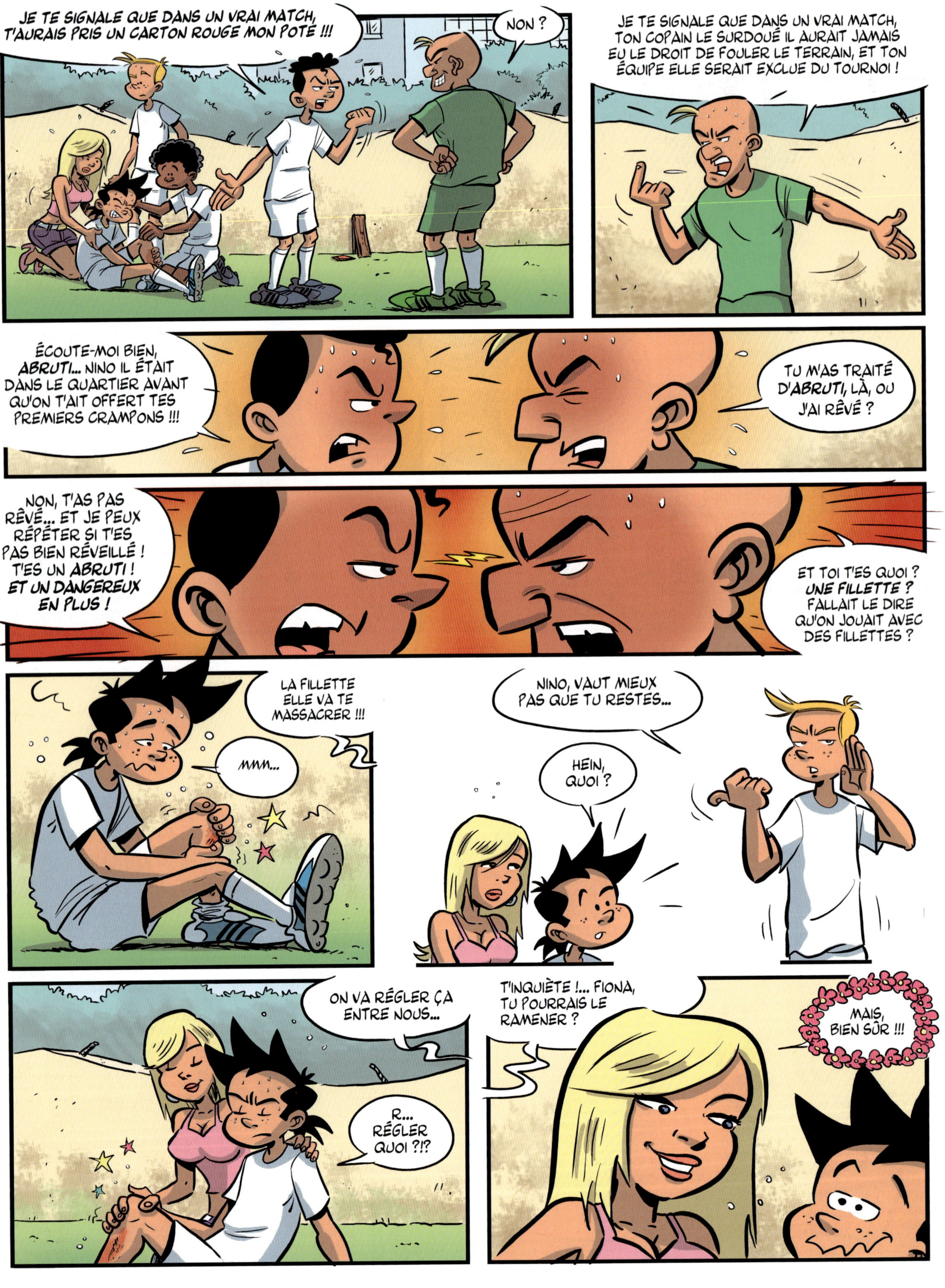
JE TE SIGNALE QUE DANS UN VRAI MATCH, T'AURAIS PRIS UN CARTON ROUGE MON POTE !!!
NON ?
JE TE SIGNALE QUE DANS UN VRAI MATCH, TON COPAIN LE SURDOUÉ IL AURAIT JAMAIS EU LE DROIT DE FOULER LE TERRAIN, ET TON ÉQUIPE ELLE SERAIT EXCLUE DU TOURNOI !
ÉCOUTE-MOI BIEN, ABRUTI... NINO IL ÉTAIT DANS LE QUARTIER AVANT QU'ON T'AIT OFFERT TES PREMIERS CRAMPONS !!!
TU M'AS TRAITÉ D'ABRUTI, LÀ, OU J'AI RÊVÉ ?
NON, T'AS PAS RÊVÉ... ET JE PEUX RÉPÉTER SI T'ES PAS BIEN RÉVEILLÉ ! T'ES UN ABRUTI ! ET UN DANGEREUX EN PLUS !
ET TOI T'ES QUOI ? UNE FILLETTE ? FALLAIT LE DIRE QU'ON JOUAIT AVEC DES FILLETTES ?
LA FILLETTE ELLE VA TE MASSACRER !!!
MMM...
NINO, VAUT MIEUX PAS QUE TU RESTES...
HEIN, QUOI ?
ON VA RÉGLER ÇA ENTRE NOUS...
R... RÉGLER QUOI ?!?
T'INQUIÈTE !... FIONA, TU POURRAIS LE RAMENER ?
MAIS, BIEN SÛR !!!

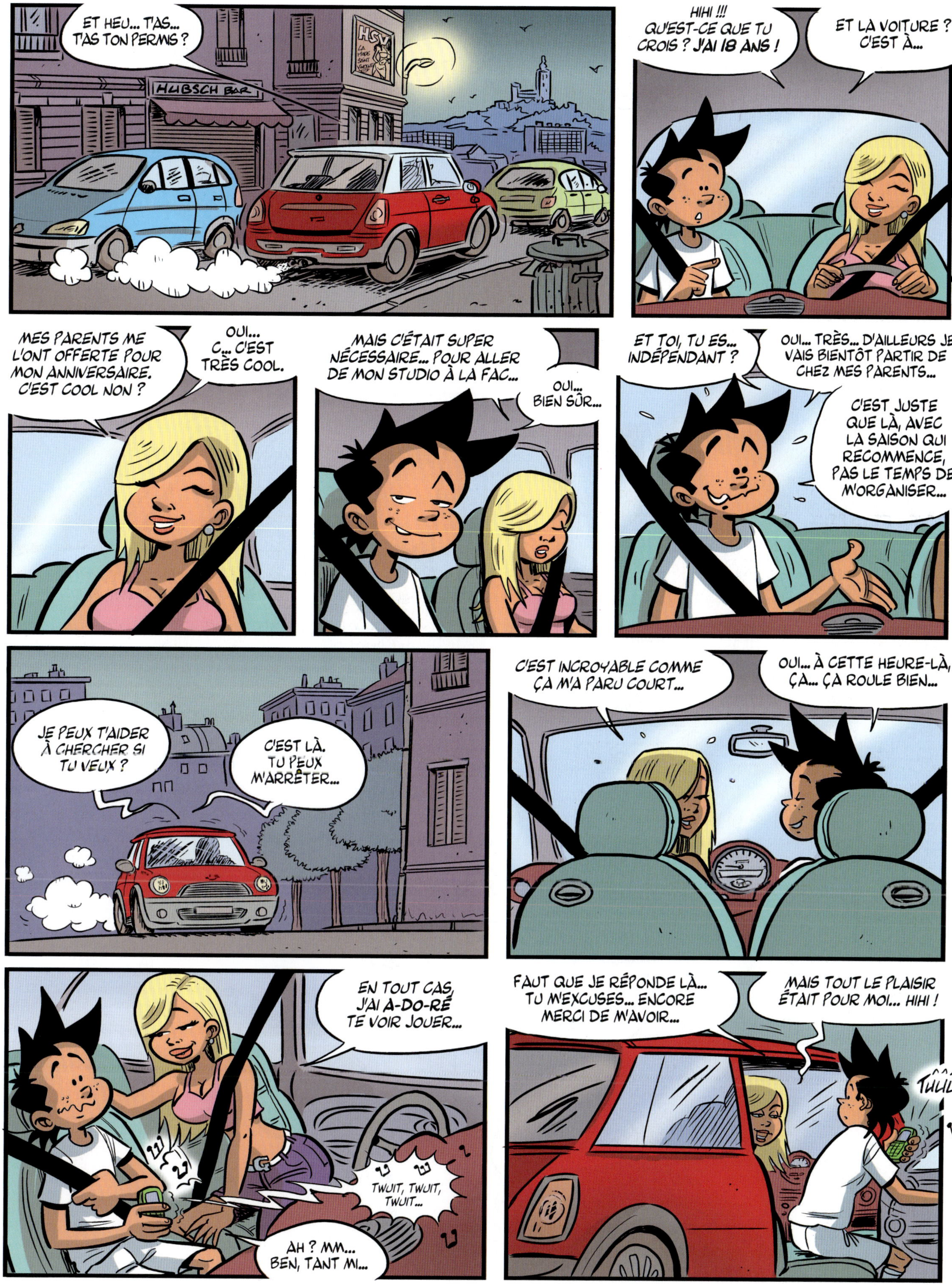
ET HEU... T'AS... T'AS TON PERMIS ?
HUBSCH BAR
HSV
HIHI !!! QU'EST-CE QUE TU CROIS ? J'AI 18 ANS !
ET LA VOITURE ? C'EST À...
MES PARENTS ME L'ONT OFFERTE POUR MON ANNIVERSAIRE. C'EST COOL NON ?
OUI... C... C'EST TRÈS COOL.
MAIS C'ÉTAIT SUPER NÉCESSAIRE... POUR ALLER DE MON STUDIO À LA FAC...
OUI... BIEN SÛR...
ET TOI, TU ES... INDÉPENDANT ?
OUI... TRÈS... D'AILLEURS JE VAIS BIENTÔT PARTIR DE CHEZ MES PARENTS...
C'EST JUSTE QUE LÀ, AVEC LA SAISON QUI RECOMMENCE, PAS LE TEMPS DE M'ORGANISER...
JE PEUX T'AIDER À CHERCHER SI TU VEUX ?
C'EST LÀ. TU PEUX M'ARRÊTER...
C'EST INCROYABLE COMME ÇA M'A PARU COURT...
OUI... À CETTE HEURE-LÀ, ÇA... ÇA ROULE BIEN...
EN TOUT CAS, J'AI A-DO-RÉ TE VOIR JOUER...
TWUIT, TWUIT, TWUIT...
AH ? MM... BEN, TANT MI...
FAUT QUE JE RÉPONDE LÀ... TU M'EXCUSES... ENCORE MERCI DE M'AVOIR...
MAIS TOUT LE PLAISIR ÉTAIT POUR MOI... HIHI !
TÛÛÛÛT!!!

AU TÉLÉPHONE, NINO RECONNAÎT LA VOIX...
D'HAO SIEN !
C'EST... C'EST TOI ?
BIEN SÛR C'EST MOI...
JE T'AI LAISSÉ PLUSIEURS MESSAGES...
OUI... JE SAIS PAS CE QU'IL A MON PORTABLE, FAUT QUE JE LE CHANGE...
T'AS UNE DRÔLE DE VOIX...
AH... C'EST PARCE QUE JE VIENS DE ME FOULER LA CHEVILLE, ALORS ÇA ME CONTRARIE UN PEU...
TU VEUX QUE JE VIENNE ?
NON ! HEU, ENFIN... C'EST JUSTE QUE... JE DOIS ME REPOSER... TU COMPRENDS ?...
JE COMPRENDS... JE TE DÉRANGE...
MAIS NON...
YANN & ADE
COSMÉTIQUE ET PLOMBERIE
MAIS SI. JE NE T'APPELLERAI PLUS... NE T'INQUIÈTE PAS !
HAO SIEN, TU SAIS, EN CE MOMENT...
IL DURE DEPUIS UN MOMENT, LE MOMENT...
TOOOOOT !...
MAIS C'EST PARCE QUE...
???

À QUEL MOMENT DE LÉGÈRES COMPLICATIONS DEVIENNENT UNE VRILLE DANS LAQUELLE ON PERD PIED ?...
LE MATIN SUIVANT, À L'ENTRAÎNEMENT, POUR NINO, UN PROCESSUS INEXORABLE SE MET EN ROUTE...
HOLA, NINO... TU BOITES ?
JE SUIS TOMBÉ DANS L'ESCALIER, MAIS ÇA VA ALLER...
ÇA VA ALLER, MAIS TU TRAÎNES LA PATTE, NON ?
À PEINE, ÇA PASSERA QUAND JE SERAI CHAUD !
C'EST QUOI CETTE HISTOIRE ?...
MONTRE-MOI ÇA S'IL TE PLAÎT...
C'EST RIEN DU TOUT, COACH...
SI C'EST RIEN DU TOUT, ENLÈVE-MOI CE BANDAGE, TU VEUX ?!?
FRANCHEMENT, J... J'AI...
ENLÈVE !!!
C'EST PAS UNE TRACE DE CRAMPON ÇA ?!?
AH... ON DIRAIT OUI... C'EST BIZARRE, PARCE QUE, COMME JE DISAIS, C'EST EN DESCENDANT L'ESCALIER QUE...
IL FAUT QU'ON AIT UNE PETITE DISCUSSION TOUS LES DEUX...
BIEN SÛR, COACH... APRÈS L'ENTRAÎNEMENT SI VOUS...
NON... MAINTENANT !!!
GLUP !...

TU N'AS RIEN À ME DIRE ?
HEIN ? NON COACH, POURQUOI ?
TU OUBLIES UNE CHOSE, MON GARÇON, MARSEILLE EST UN VILLAGE OÙ TOUT SE SAIT...
AH... MM... OUI... ÇA ME REVIENT, EN FAIT, AVANT DE DESCENDRE CET ESCALIER... J... J'AI PARTICIPÉ À UN TOURNOI DE FOOT...
MM... ÇA COMMENCE À RESSEMBLER À LA VÉRITÉ...
C'ÉTAIT VRAIMENT POUR RENDRE SERVICE À MES AMIS, DES AMIS D'ENFANCE, DES FRÈRES !
BIEN SÛR... ALORS QUE TES ÉQUIPIERS, C'EST DES ÉTRANGERS...
C'EST PAS CE QUE JE VOULAIS DIRE, COACH !
TU ME DÉÇOIS BEAUCOUP NINO... CE N'EST PAS TELLEMENT CETTE HISTOIRE DE MATCH QUI ME GÊNE. TOUT LE MONDE PEUT FAIRE UNE BÊTISE...
DEPUIS LA REPRISE, TU N'Y ES PAS... ET QUAND JE TE DEMANDE DE M'EN PARLER, TU NE ME FAIS PAS CONFIANCE...
JE T'AI DONNÉ L'OCCASION DE PARLER. TU NE L'AS PAS PRISE. MAINTENANT JE PRENDS UNE DÉCISION. C'EST MA RESPONSABILITÉ.
JE N'ENTRAÎNE PAS UNE BANDE DE COPAINS, JE FORME DES JOUEURS, DES VRAIS !!!
TU CROIS QUE TU ES ARRIVÉ PARCE QUE TU AS GAGNÉ CE TROPHÉE EN AFRIQUE SUD, MAIS TU N'ES MÊME PAS PARTI. TU AS TOUT À APPRENDRE !
JE SAIS COACH...
NON, TU NE SAIS PAS !!! TOUT EST ARRIVÉ TROP VITE POUR TOI. ALORS MAINTENANT, TU VAS RÉFLÉCHIR !
TU VAS RENTRER CHEZ TOI. TU VAS FAIRE LE TRI DANS TA TÊTE. REDÉFINIR TES OBJECTIFS !
C'EST À DIRE QUE... VOUS ME VIREZ, COACH ?
NON,...
JE TE PRÉSERVE...

OH NINO ! T'ES PAS À L'ENTRAÎNEMENT ???
?
C'EST L'HEURE DE L'APÉRITIF AUX TROIS GABIANS. LA CONVERSATION EST CENTRÉE SUR LA VENUE DE BORDEAUX AU VÉLODROME...
TIENS ! LUI IL DOIT SAVOIR !
HEIN ? QUOI ?
ON SE DEMANDAIT SI LE DESCHAMPS, IL ALLAIT JOUER AVEC UNE OU DEUX POINTES ?
NINO ! NOUS PRENDS PAS POUR DES SARDINES, TOI QUI FRÉQUENTES LE SAINT DES SAINTS !
ET POURQUOI JE SAURAIS MOI ?
AH BEN LÀ, JUSTEMENT, JE FRÉQUENTE PERSONNE...
ALLEZ, ON DIRA PAS QUE ÇA VIENT DE TOI, ON TE LE PROMET !
VOUS M'EXCUSEZ LÀ, PARCE QUE LE FOOT, TOUJOURS LE FOOT, JE SATURE UN PEU...
FAUT ÉLARGIR UN PEU L'HORIZON, HEIN ?
QU'EST-CE QU'IL A TON FILS ? IL EST BIEN MYSTÉRIEUX...
QU'EST-CE QU'IL VEUT DIRE PAR... ÉLARGIR L'HORIZON ?

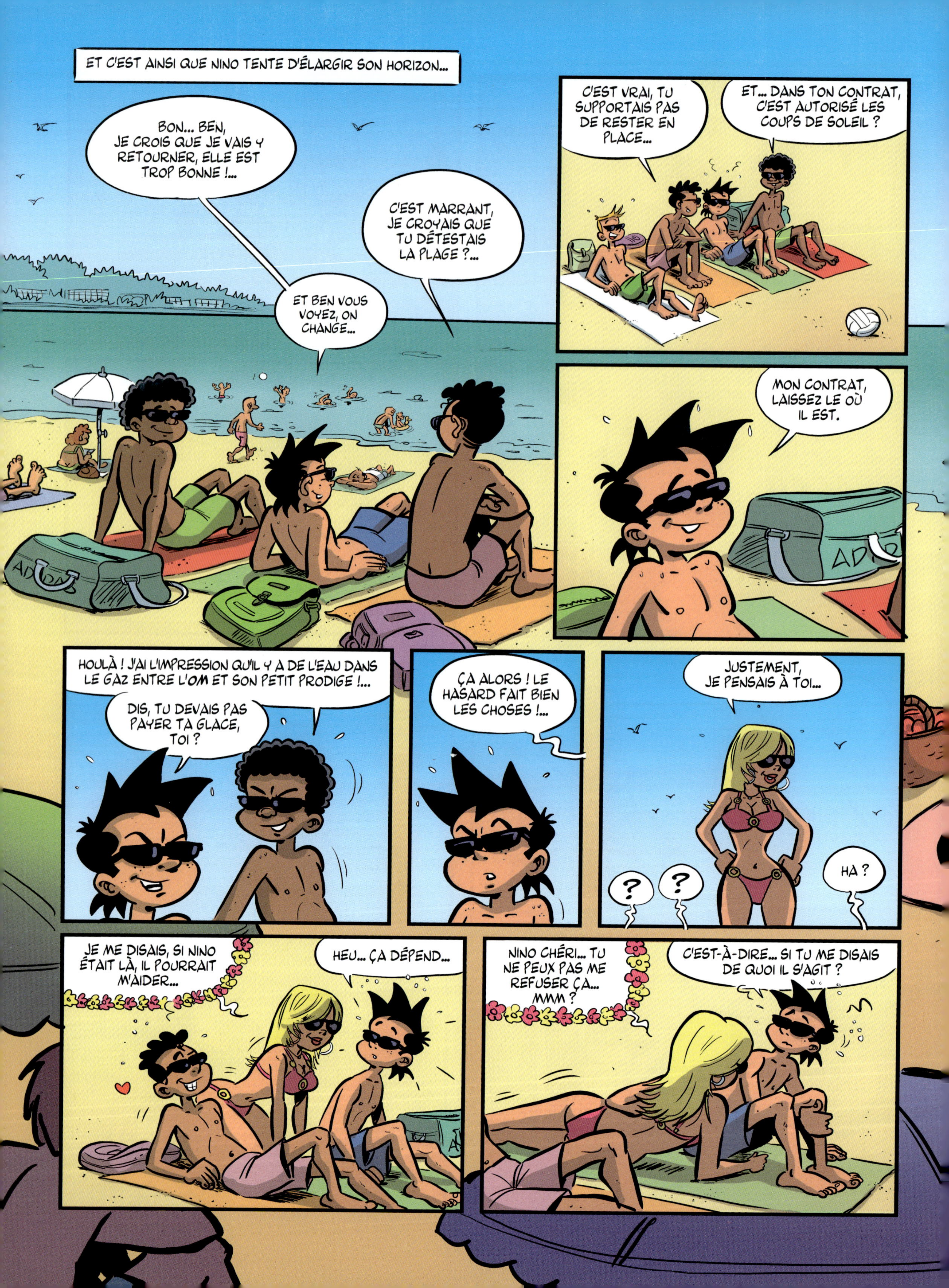
ET C'EST AINSI QUE NINO TENTE D'ÉLARGIR SON HORIZON...
BON... BEN, JE CROIS QUE JE VAIS Y RETOURNER, ELLE EST TROP BONNE !...
C'EST MARRANT, JE CROYAIS QUE TU DÉTESTAIS LA PLAGE ?...
ET BEN VOUS VOYEZ, ON CHANGE...
C'EST VRAI, TU SUPPORTAIS PAS DE RESTER EN PLACE...
ET... DANS TON CONTRAT, C'EST AUTORISÉ LES COUPS DE SOLEIL ?
MON CONTRAT, LAISSEZ LE OÙ IL EST.
HOULÀ ! J'AI L'IMPRESSION QU'IL Y A DE L'EAU DANS LE GAZ ENTRE L'OM ET SON PETIT PRODIGE !...
DIS, TU DEVAIS PAS PAYER TA GLACE, TOI ?
ÇA ALORS ! LE HASARD FAIT BIEN LES CHOSES !...
JUSTEMENT, JE PENSAIS À TOI...
?
?
HA ?
JE ME DISAIS, SI NINO ÉTAIT LÀ, IL POURRAIT M'AIDER...
HEU... ÇA DÉPEND...
NINO CHÉRI... TU NE PEUX PAS ME REFUSER ÇA... MMM ?
C'EST-À-DIRE... SI TU ME DISAIS DE QUOI IL S'AGIT ?

RAPIDEMENT, NINO PREND CONSCIENCE DU « *PROBLÈME* » DE FIONA, MAIS IL EST TROP TARD POUR FAIRE MARCHE ARRIÈRE...

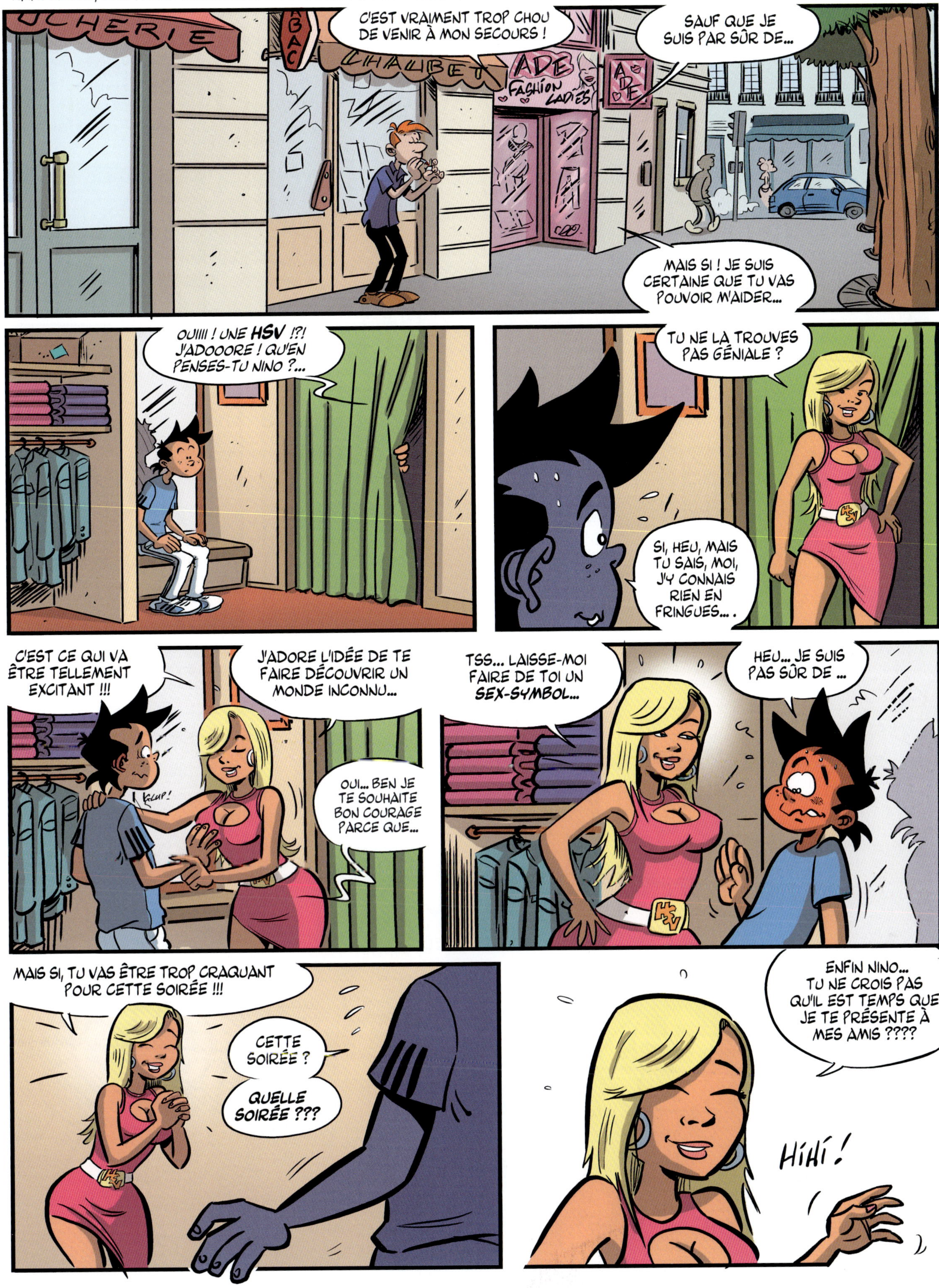

LE SOIR MÊME, NINO SE RETROUVE IMMERGÉ DANS LE DÉLICIEUX UNIVERS DE LA BELLE FIONA, NON SANS AVOIR SUBI UNE MODIFICATION RADICALE DE SON LOOK...
WAOUH... TU ME PRÉSENTES ?
NINO FACHETTI, UNE FUTURE STAR !
NON ? UNE STAR DE QUOI ?
DU FOOT !
TOP COOL !!! ÇA FAIT QUOI DE GAGNER DES MILLIONS, JUSTE POUR JOUER AU BALLON ?
HEU... POUR LE MOMENT... C'EST PAS... L'ARG...
J'ENTENDS PAS ! PARLE PLUS FORT !
JE DISAIS QUE L'ARGENT C'EST PAS...
FIONAAA MA CHÉRIE ?!?
TU ES VENUE, JE SUIS SO HAPPY !
JE NE POUVAIS PAS RATER TA SOIRÉE, MA CHÉRIE...
TU SAIS QUE REBECCA EST LÀ ?
NOOON ???
SIIII !!!!!
EXCUSEZ-MOI, BEAU JEUNE HOMME, EST-CE QUE JE PEUX VOUS L'ENLEVER UN INSTANT ?
BEN, C'EST À DIRE QUE...
P... PAS DE PROBLÈME...

PLUS TARD...
SUPER SOIRÉE...
HEIN ?
OUI.
JE DISAIS, SUPER SOIRÉE.
SUPER ZIQUE AUSSI...
TU FUMES ?
N... NON MERCI...
LE SEUL TRUC UN PEU DOMMAGE, C'EST QU'IL Y AIT PLUS RIEN À BOIRE...
TU SAURAIS PAS OÙ IL Y A UNE TÉLÉ ?
UNE TÉLÉ ? POUR QUOI FAIRE ?
BEN, C'EST À DIRE QU'IL Y A **OM - BORDEAUX** CE SOIR...
?
TU PARLES DE FOOT, LÀ ?
OUI...
HO ? TU T'INTÉRESSES AU FOOT ?
NON... ENFIN, SI... JUSTE COMME ÇA...
C'EST TERRIBLEMENT RINGARD, NON ?

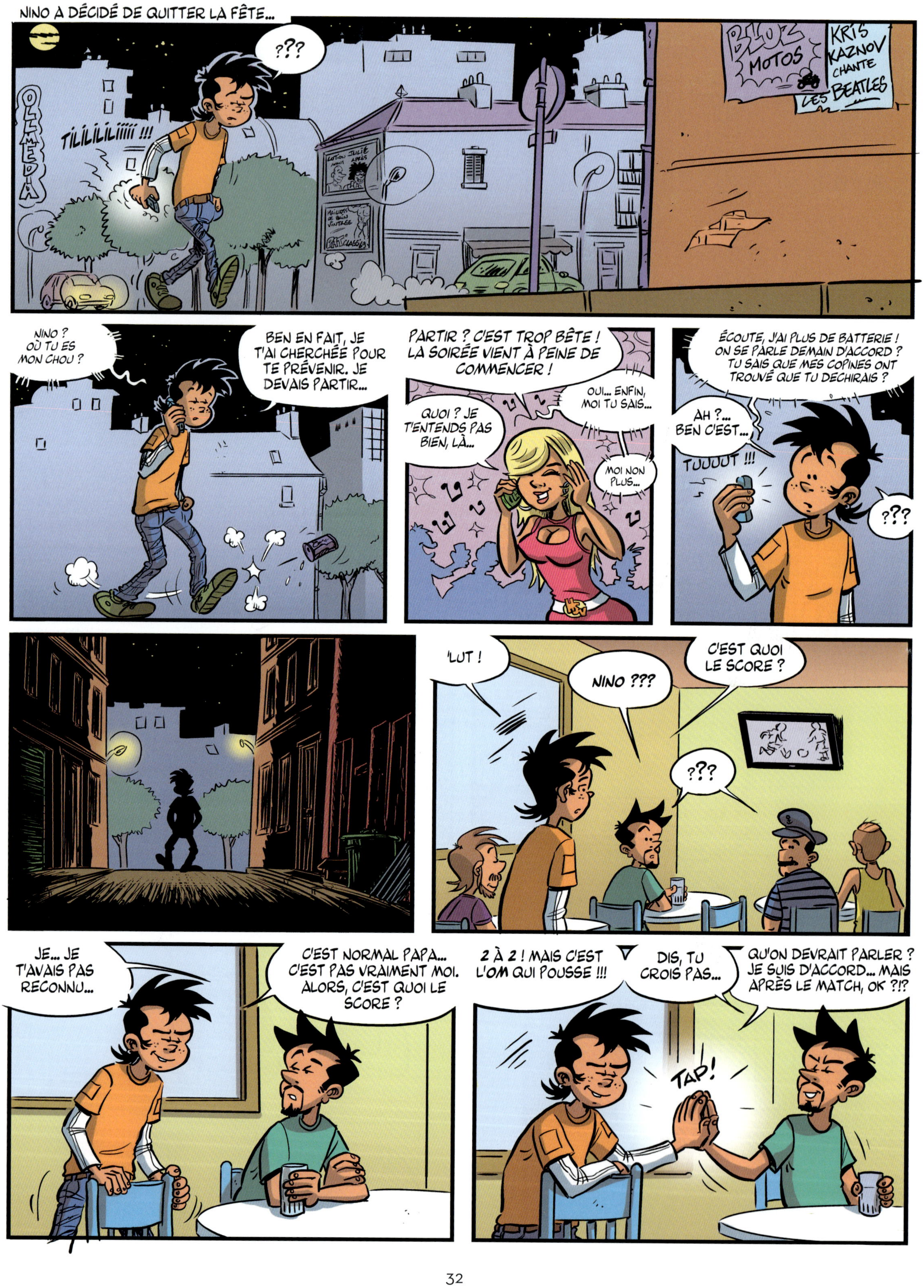
NINO A DÉCIDÉ DE QUITTER LA FÊTE...
???
TILILILIIIII !!!
OLMEDIA
BLOZ MOTOS
KRIS KAZNOV CHANTE LES BEATLES
NINO ? OÙ TU ES MON CHOU ?
BEN EN FAIT, JE T'AI CHERCHÉE POUR TE PRÉVENIR. JE DEVAIS PARTIR...
PARTIR ? C'EST TROP BÊTE ! LA SOIRÉE VIENT À PEINE DE COMMENCER !
QUOI ? JE T'ENTENDS PAS BIEN, LÀ...
OUI... ENFIN, MOI TU SAIS...
MOI NON PLUS...
ÉCOUTE, J'AI PLUS DE BATTERIE ! ON SE PARLE DEMAIN D'ACCORD ? TU SAIS QUE MES COPINES ONT TROUVÉ QUE TU DECHIRAIS ?
AH ?... BEN C'EST...
TUUUUT !!!
???
'LUT !
NINO ???
C'EST QUOI LE SCORE ?
???
JE... JE T'AVAIS PAS RECONNU...
C'EST NORMAL PAPA... C'EST PAS VRAIMENT MOI. ALORS, C'EST QUOI LE SCORE ?
2 À 2 ! MAIS C'EST L'OM QUI POUSSE !!!
DIS, TU CROIS PAS...
QU'ON DEVRAIT PARLER ? JE SUIS D'ACCORD... MAIS APRÈS LE MATCH, OK ?!?
TAP !

ILS SE SONT BIEN BATTUS, HEIN ?
MM... ILS ONT FAIT HONNEUR AU MAILLOT, TU NE TROU...
PAPA...
VAS-Y, POSE TA QUESTION...
OUI... JE ME DEMANDAIS, POURQUOI TU N'ÉTAIS PAS AU STADE CE SOIR.
J... JE ME SUIS FAIT VIRER DE L'ÉQUIPE...
HEIN ?!?
LE COACH DIT QUE J'AI LA TÊTE AILLEURS. ET IL A RAISON. TU SAIS CE QUE J'AI FAIT AUJOURD'HUI ?
VAS-Y, FAIS MOI RÊVER...
J'AI ÉTÉ À LA PLAGE, J'AI FAIT DU SHOPPING, J'AI FINI DANS UNE SOIRÉE...
ET ALORS ?
EH BEN... COMMENT TE DIRE...
JE RÊVAIS DE PASSER UNE JOURNÉE NORMALE, INSOUCIANTE, MAIS...
TU T'ES ENNUYÉ...
ET JE SUIS POLI...
TU CONNAIS L'HISTOIRE DU MARIN DANS SON BATEAU QUI REGARDE LE GARS ASSIS SUR LE QUAI ? IL SE DIT QU'ON DOIT ÊTRE HEUREUX, À TERRE...
LES 5 GABIANS
CAF
ET L'AUTRE, SUR LE QUAI, REGARDE LE MARIN, ET SE DIT : ÇA DOIT ÊTRE TELLEMENT BIEN D'ÊTRE EN MER !
ÉCOUTE TON CŒUR, NINO ! DEPUIS QUE TU ES TOUT PETIT, TU AS LE BALLON DANS LE SANG !
PERSONNE NE T'AS POUSSÉ, NI FORCÉ...
JE SAIS...
VA VOIR TON COACH, DEMAIN. DIS-LUI LES CHOSES COMME TU LES RESSENS. IL COMPRENDRA.
MERCI PAPA !
ET POUR TA COUPE DE CHEVEUX... ET LE RESTE, SANS VOULOIR...
HAHA !!! NE T'INQUIÈTE PAS, JE VAIS RÉGLER ÇA !

ET DÈS LE LENDEMAIN, SUIVANT LE CONSEIL DE SON PÈRE, NINO REPREND LE CHEMIN DU CENTRE D'ENTRAÎNEMENT...
CEPENDANT, IL N'EN MÈNE PAS LARGE...
?
NINO ?
SALUT STEVE... TU... TU VAS BIEN ?
POURQUOI T'ES PAS SUR LE TERRAIN AVEC TES COLLÈGUES ?
EH BIEN... C'EST-À-DIRE QUE... LE COACH M'A DEMANDÉ DE PRENDRE UN PEU... DE RECUL...
M'OUAIS... T'ES EN QUARANTAINE, C'EST ÇA ?
EN FAIT... OUI !
TE FAIS PAS TROP DE BILE, MON GARÇON... Y'A TOUJOURS UN MOMENT OÙ ÇA ARRIVE...
ÇA TE DIT DE TAPER LA BALLE ? HISTOIRE DE RESTER EN JAMBES ?
HEU, J'AIMERAIS VRAIMENT STEVE... MAIS JE CROIS PAS QUE...
RAPPORT À MA QUARANTAINE... TU VOIS ?...
CAS DE FORCE MAJEURE ! FAUT QUE JE BOSSE MES PÉNALTIES ! ET S'IL Y A UN SOUCI, JE LE PRENDS SUR MOI, OK ?
HA ? VU COMME ÇA, PEUT-ÊTRE QUE...
BON ! TU TE DÉCIDES ? J'AI PAS LA JOURNÉE !
POC !

ENTRE MANDANDA ET NINO, C'EST UN PEU COMME UN RITUEL...

HÉ LES GARS ! DEVINEZ QUI PASSAIT PAR LÀ ?
NINO ! T'ES PAS À LA PLAGE ?
AVEC CE SOLEIL, C'EST POURTANT L'OCCASION RÊVÉE...
ÇA DOIT ÊTRE PLEIN DE JOLIES FILLES...
ET LES JOLIES FILLES ÇA ADORE LES FUTURES STAR DU BALLON ROND, C'EST BIEN CONNU...
TELLEMENT CHOUX AVEC LEUR SHORT MOULANT...
HAHA !!!
JE VOIS QUE LES NOUVELLES VONT VITE...
TU SAIS, MARSEILLE...
C'EST UN VILLAGE, JE SAIS.
BON ! SI ÇA VOUS FAIT RIEN, ON PEUT REPRENDRE LÀ ?
ET MOI, COACH ?
QUOI TOI ?
BEN, PAR RAPPORT À...
TU SAIS QUE TU ME FATIGUES UN PEU AVEC TES ÉTATS D'ÂME ?!? TU TE METS AU TRAVAIL... **OUI OU NON ?**

LA SÉANCE D'ENTRAÎNEMENT REPREND. NINO DOIT RETROUVER SES MARQUES...
C'EST PAS TOUT ÇA, MAIS ON N'EST PAS EN AVANCE !...
JE SUIS BIEN D'ACCORD AVEC TOI, ON N'A TOUJOURS PAS VALIDÉ NOS SCHÉMAS DE JEU...
DÉSOLÉ, C'EST DE MA FAUTE...
C'EST RIEN... FAUT JUSTE QUE TU RATTRAPES LE TEMPS PERDU...
ENFIN, SI TU EN ES CAPABLE !
PARCE QU'À UN MOMENT, Y'A PLUS QUE LA VÉRITÉ DU TERRAIN...
OH NON !
VIENS UN PEU PAR ICI, TOI...
DIS DONC, ÇA LUI A PROFITÉ LE SHOPPING !
OUAIS... IL EST MORT DE FAIM NOTRE JET-SETTER...

APRÈS L'ENTRAÎNEMENT, NINO RESTE POUR TRAVAILLER SA CONDITION PHYSIQUE, PAS DE DOUTE, IL A RETROUVÉ LA FOI...
ET SA VOLONTÉ NE PASSE PAS INAPERÇUE...
???
ON FERME !
CLAP ! CLAP !
COACH DESCHAMPS ?
ON T'A PAS TROP VU CES DERNIERS TEMPS...
C'EST-À-DIRE QUE...
JOSIP M'A FAIT UN RÉSUMÉ DE LA SITUATION...
ET IL SERAIT D'ACCORD POUR QUE TU VIENNES TRAVAILLER AVEC NOUS, SANS LÂCHER TON ÉQUIPE...
HISTOIRE QUE TU TE FAMILIARISES AVEC LE HAUT NIVEAU...
C'EST VRAI COACH ?
NON. JE SUIS QU'UN BOUFFON, ET JE SUIS VENU TE PARLER PARCE QUE JE MANQUE DE TRAVAIL, SÛREMENT !
PARDON COACH... MAIS C'EST TELLEMENT...
ALORS, DEMAIN, DANS LE VESTIAIRE DES PROS ?
D'ACCORD !
NE SOIS PAS EN RETARD !
PAS DE RISQUES, COACH !
JE CROIS QUE JE VAIS DORMIR LÀ, MOI...

LE LENDEMAIN, NINO DÉCOUVRE LE VESTIAIRE DES PROS ET, ACCESSOIREMENT, D'AUTRES CODES. QU'IL VA DEVOIR ASSIMILER...

NINO RÉALISE SON RÊVE ! IL EST AU MILIEU DES PROS DE L'OM ! CEPENDANT, LA RÉALITÉ LE RATTRAPE...
LES ANCIENS ONT TENDANCE À NE PAS CALCULER LE NOUVEL ARRIVANT, AUSSI TALENTUEUX QU'IL SOIT...
HEU... LÀ JE PEUX PAS...
AH, LÀ NON PLUS !
... ET QUAND ILS LE CALCULENT...
... CE N'EST PAS FORCÉMENT POUR LUI FAIRE DE CADEAU !
DÉSOLÉ P'TIT...
BIENVENUE DANS LE HAUT NIVEAU !

PAS DE DOUTE, LES PROS SAVENT ACCUEILLIR...
OUCH !
SI ÇA INTÉRESSE QUELQU'UN, J'AI RIEN DE CASSÉ, HEIN !
ENFIN JE DIS ÇA, AU CAS OÙ...
AH NON !
MAIS SI !!!
CEPENDANT, C'EST SANS COMPTER AVEC L'ORGUEIL DE NOTRE MINOT DE MARSEILLE...
???
STOP ! ÇA VA COMME ÇA MAINTENANT !
OK, JE SUIS LE PETIT NOUVEAU...
... OK, J'AI TOUT À APPRENDRE...
?!?
MAIS C'EST PAS POUR ÇA QUE JE VAIS ME LAISSER FAIRE...
OK ?
DÉSOLÉ STEVE... JE SUIS SÛR QUE TU COMPRENDS...
HÔHÔ !
HAHAHA ! C'EST MALIN, VOUS ME L'AVEZ ÉNERVÉ...

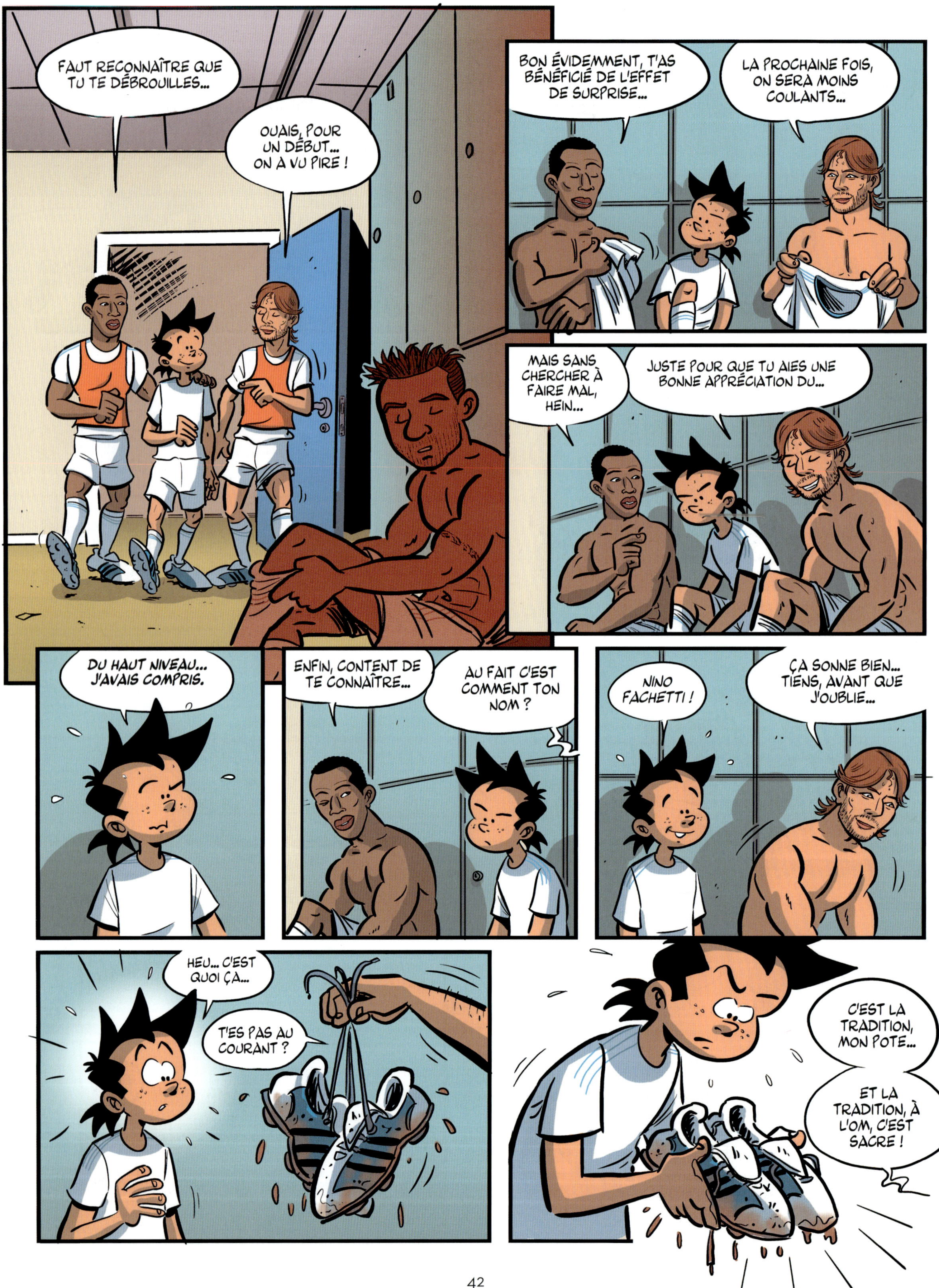
FAUT RECONNAÎTRE QUE TU TE DÉBROUILLES...
OUAIS, POUR UN DÉBUT... ON A VU PIRE !
BON ÉVIDEMMENT, T'AS BÉNÉFICIÉ DE L'EFFET DE SURPRISE...
LA PROCHAINE FOIS, ON SERA MOINS COULANTS...
MAIS SANS CHERCHER À FAIRE MAL, HEIN...
JUSTE POUR QUE TU AIES UNE BONNE APPRÉCIATION DU...
DU HAUT NIVEAU... J'AVAIS COMPRIS.
ENFIN, CONTENT DE TE CONNAÎTRE...
AU FAIT C'EST COMMENT TON NOM ?
NINO FACHETTI !
ÇA SONNE BIEN... TIENS, AVANT QUE J'OUBLIE...
HEU... C'EST QUOI ÇA...
T'ES PAS AU COURANT ?
C'EST LA TRADITION, MON POTE...
ET LA TRADITION, À L'OM, C'EST SACRÉ !

SUPER MON PREMIER ENTRAÎNEMENT AVEC LES PROS !
VRAIMENT EXTRA...
NINO ? T'AS FINI ?
PAS TOUT À FAIT, STEVE...
NON PARCE QUE, QUAND T'AURAS FINI... Y'A LES FRINGUES AUSSI.
L.. LES FRINGUES ?!?
OUI... TU VERRAS, LA LAVERIE, C'EST LA DERNIÈRE PORTE À DROITE...
LA LAVERIE ?
J... JE DOIS LES LAVER ?
A PRIORI, OUI... UNE LAVERIE, C'EST POUR LAVER, NON ?
ÇA NE TE CHOQUE PAS, J'ESPÈRE ?
HEU... NON, NON STEVE...
COMMENT TE DIRE ? C'EST...
OUI, JE SAIS... LA TRADITION !
VOILÀ !

CEPENDANT, NINO FINIT PAR SORTIR DES VESTIAIRES, ET...

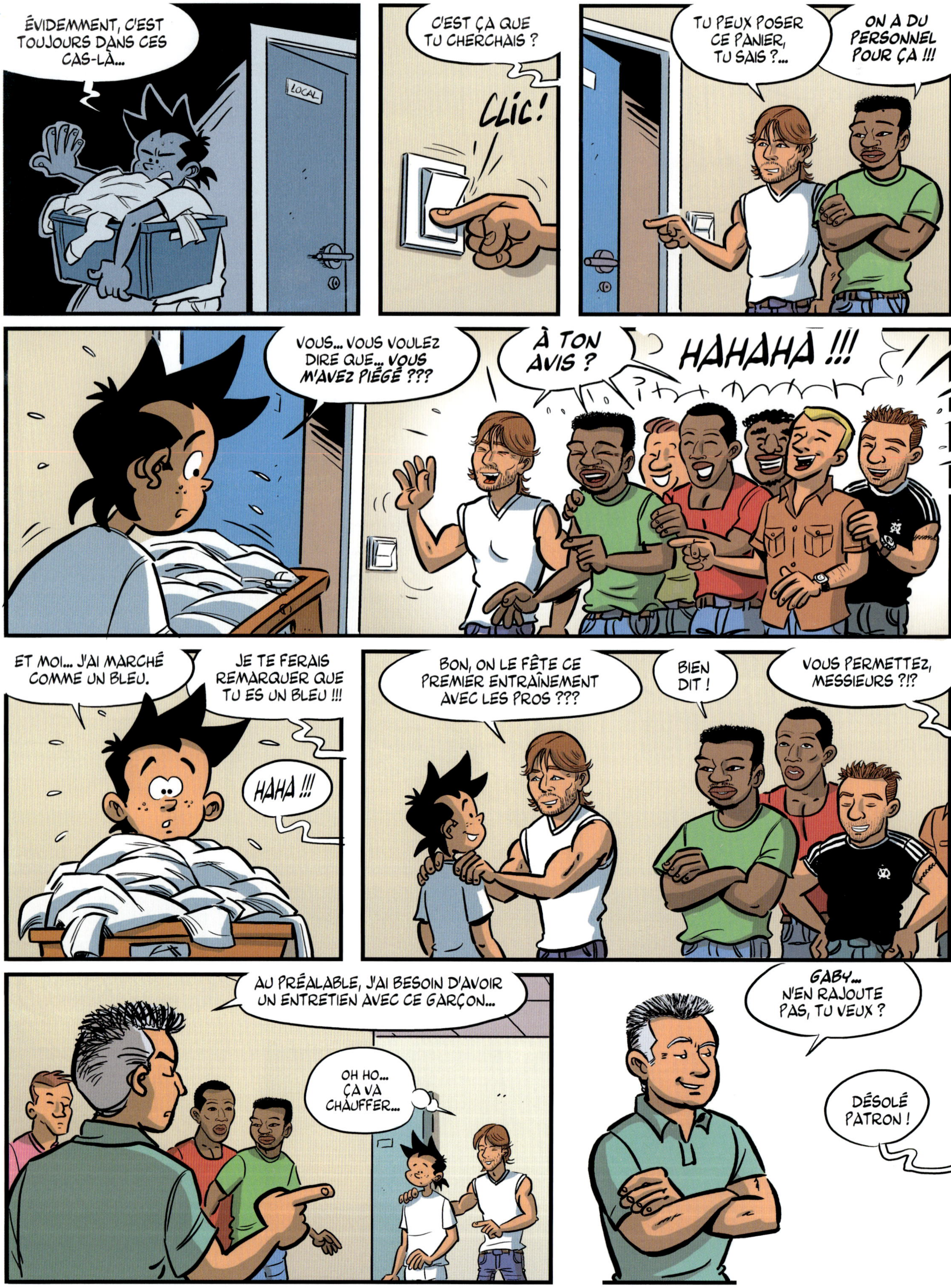

BIEN. VOILÀ UNE BONNE CHOSE DE FAITE. LE PLUS DUR EST TOUJOURS DE COMMENCER !
OUI COACH...
DE TOUTE FAÇON, CE N'EST PAS UNE SURPRISE. PERSONNE NE DOUTE DE TES CAPACITÉS.
C'EST GENTIL.
NON, JE NE SUIS PAS GENTIL. JAMAIS. JE SUIS OBJECTIF, D'ACCORD ?
D'ACCORD.
LE PROBLÈME QUE JE ME POSE... C'EST AU NIVEAU DE TON MENTAL.
COMME TOUS LES GARÇONS TRÈS DOUÉS, LA PATIENCE N'EST PAS TA QUALITÉ PRINCIPALE... N'EST-CE PAS ?...
C'EST VRAI...
LA CARRIÈRE D'UN FOOTBALLEUR, C'EST COMME UNE MAISON... SI LES FONDATIONS SONT FRAGILES, ELLE FERA ILLUSION UN TEMPS, MAIS NE MONTERA PAS TRÈS HAUT... CE QUI VEUT DIRE QUE...
QUE VOUS N'ALLEZ PAS ME PRENDRE MAINTENANT... J'AI COMPRIS COACH...
EST-CE QUE J'AI DIT ÇA ?
NON, MAIS...
TU VOIS, TU VAS TROP VITE, POUR TOUT...
DÉSOLÉ...
UN MATCH DE COUPE SE PROFILE À L'HORIZON...
ET JE DOIS FAIRE TOURNER L'EFFECTIF... DONC, JE RÉFLÉCHIS...
OH COACH, CE SERAIT...
J'AI DIT QUE JE ?...
Q... QUE VOUS RÉFLÉCHISSIEZ, COACH...
VOILÀ QUI EST MIEUX...

CE SOIR-LÀ, NINO RENTRE CHEZ LUI, PARTAGÉ ENTRE DOUTE ET ESPOIR...
LE FATAL
TIENS, C'EST BIZARRE ÇA... Y'A PERSONNE ?
WAOUH... C'EST QUOI ÇA...
?!?
C'EST GÉNIAL !!!
ON SE DEMANDAIT SI LA COULEUR...
MERCIII !!!
À PROPOS... QUELQU'UN VEUT TE VOIR...
AH BON... QUI ???
HAO SIEN...
BON, C'EST PAS LE TOUT, MAIS FAUT PRÉPARER LE REPAS...
ALORS ON VOUS LAISSE...

COMMENT... COMMENT TU VAS ?
BEN, MAINTENANT ÇA VA UN PEU MIEUX, MAIS J'AI PASSÉ DES MOMENTS BIZARRES... J'AI EU L'IMPRESSION... DE ME PERDE UN PEU...
DANS CERTAINES SOIRÉES PAR EXEMPLE ?
QUI T'A DIT ÇA ?
UNE BONNE COPINE...
JE VOIS LE GENRE, TU SAIS...
TU N'AS PAS À TE JUSTIFIER...
JE VEUX JUSTE TE DIRE QUE ÇA NE M'A PAS TROP INTÉRESSÉ...
LA SOIRÉE... OU LA BLONDE ?
LES DEUX...
TU ES BIEN SÛR ? TU DOIS TE SENTIR LIBRE, TU SAIS...
MAIS JE N'AI PAS ENVIE DE L'ÊTRE ! ENFIN... VIS-À-VIS DE TOI, JE VEUX DIRE...
TU VEUX QU'ON CONTINUE À SE VOIR ?
SI TU ME SUPPORTES...
OUI...
JE VAIS Y RÉFLÉCHIR ALORS...
HEIN, QUOI ? QU'EST-CE QUE VOUS AVEZ TOUS EN CE MOMENT, À VOULOIR... RÉFLÉCHIR ???

LE GRAND JOUR ARRIVE ENFIN ! DESCHAMPS A PUBLIÉ SA LISTE POUR LE MATCH DE COUPE DE FRANCE...
POUSSEZ PAS !!!
HEU... S'IL VOUS PLAÎT, SCUSEZ... JE...
ÇA VA NINO ? T'ES TOUT PÂLE !
IL A PAS L'AIR DANS SON ASSIETTE, TON COPAIN...
FAUDRAIT PAS QU'IL NOUS AIT ATTRAPÉ UN VIRUS...
CE SERAIT VRAIMENT TROP DOMMAGE...
S'IL VOUS PLAÎT, JE...
T'AS RAISON, SI PRÈS DU BUT... PAS POUVOIR JOUER...
ALORS QU'IL EST SUR LA LISTE...
HEIN QUOI ? QU'EST-CE QUE VOUS DITES ?!?
BEN QUOI, ON TE DIT QUE TU Y ES, SUR LA LISTE. C'EST POURTANT SIMPLE.
PAS LA PEINE DE...
BOOM !
OUP'S ! ON L'A PERDU, LÀ, NON ?!?
T'INQUIÈTE, LE CONNAISSANT, IL VA REVENIR...
OUAIS, IL VA MÊME NOUS POUSSER SUR LE BANC, SI ON FAIT PAS GAFFE...
C'EST SANS PITIÉ, À CET ÂGE-LÀ !!!
HAHAHA !!!
HAHA !!!